Felisa Tomé Ortega

Mario y el mar

Ernst Klett Verlag
Stuttgart · Leipzig

Zusatzangebote im Internet:
Dieser Mediencode führt zu den **Lösungen** der Aufgaben im Anhang. Einfach den Code in das Suchfeld auf www.klett.de eingeben.

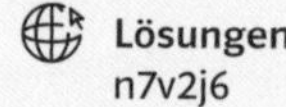

Quellennachweis

Getty Images Plus/Microstock, München (adekvat iStock), **16.1**; stock.adobe.com, Dublin (denisgorelkin), **16.2, 17**

Sollte es in einem Einzelfall nicht gelungen sein, den korrekten Rechteinhaber ausfindig zu machen, so werden berechtigte Ansprüche selbstverständlich im Rahmen der üblichen Regelungen abgegolten.

1. Auflage 1 5 4 3 2 1 | 24 23 22 21 20

Alle Drucke dieser Auflage sind unverändert und können im Unterricht nebeneinander verwendet werden. Die letzte Zahl bezeichnet das Jahr des Druckes.

Autorin: Felisa Tomé Ortega

Entstanden in Zusammenarbeit mit dem Projektteam des Verlages.

Illustrationen: jani lunablau, Barcelona
Satz: Fotosatz Kaufmann
Druck: AZ Druck und Datentechnik GmbH, Kempten/Allgäu

Printed in Germany
ISBN 978-3-12-536097-6

9 783125 360976

Índice

1 La nueva profesora

Me gusta el mar. Y desde mi instituto se puede ver. Por eso muchas veces, cuando estoy en clase, miro por la ventana. Especialmente, cuando estoy en clase de Matemáticas.

Este curso tenemos una profesora nueva. Es joven y parece simpática, sonríe mucho. Ha dicho que se llama Rocío Martínez y que esta semana vamos a repasar materia del curso pasado. Aunque yo, de las matemáticas del curso pasado, no recuerdo nada, la verdad.

—Hoy vamos a hacer unos equipos de cuatro personas —dice ella—, y vais a solucionar unos problemas. Al final de la clase, le daré un premio al mejor equipo.

Como os podéis imaginar, toda la clase empezó a gritar: "Yo quiero ir con esta". "Yo no quiero estar en el equipo de este".

—¿Sube la nota? —pregunta Cheng—. ¿Cuál es el premio? —pregunta Cheng, otra vez.

—¿Qué hay que hacer? —pregunta Arsenio Luras.

—Silencio, por favor. Bueno —dice la profe, mientras lee un papel con los nombres de la clase—, mejor hago yo los equipos. A ver, ¿quién es Mario Mariño?

Levanto la mano.

—Muy bien. Tú con... Alicia Alonso, Kaspar Müller y Cheng Ye.

Nos sentamos los cuatro juntos. Mi amigo Kaspar está muy contento, pero yo no. Alicia es la primera de la clase, la favorita de todos los profesores y buenísima en matemáticas, pero a mí me cae bastante mal.

—Vamos con el primer problema —dice Alicia—: "Un profesor reparte bolígrafos a tres alumnos. Al segundo le da el doble de bolígrafos que al primero y al tercero el triple de bolígrafos que al segundo. Si hay 18 bolígrafos, ¿cuántos bolígrafos le ha dado a cada alumno?". ¡Qué fácil!

---

6 sonreír – lächeln; **7 repasar** – durchgehen; **8 recordar** – sich an etw. erinnern; **12 el premio** – der Preis; **13 imaginarse** – sich vorstellen; **21 levantar la mano** – die Hand heben; **23 sentarse** – sich setzen; **26 Me cae mal.** – Mir ist sie unsympathisch.; **28 repartir** – verteilen

—Facilísimo. A mí ya me duele la cabeza, solo de leerlo —contesto.

Ellos empiezan a escribir números y equis. Yo miro por la ventana y pienso en las vacaciones. Entonces no había problemas de matemáticas. Además, tengo hambre y pienso en el recreo y en el bocadillo de chorizo que voy a comer.

—Mario Mariño, ¿estás trabajando o qué estás haciendo?— dice la profesora con cara seria.

—Perdón, profe. Estaba pensando.

La profesora va a decir algo, pero en ese momento la llama Arsenio Luras, que es el más despistado de la clase y nunca sabe qué hay que hacer.

Los de mi equipo ya han terminado el problema de los bolígrafos y otros tres. ¡Qué rápidos son!

Cheng es muy bueno con los números. Es mi mejor amigo. Sus padres son chinos. Vinieron a España hace muchos años, pero Cheng nunca ha estado en China. El otro chico, Kaspar, llegó de Alemania hace unos meses porque su madre va a trabajar en la universidad de Vigo. También es un buen amigo y habla español muy bien, pero a veces hace cosas raras, como hablar de “usted” a los profesores y llamarles señor Ulloa, señora Martínez...

—¡Mario! Deja de mirar por la ventana y trabaja.

—Perdón, profe.

Vuelvo a mirar el papel, pero mis compañeros ya han terminado. Y, además, son las diez, el final de la clase.

—Bueno, habéis terminado muy rápido —dice la profe—. Aunque, Mario, tengo que decir que no estoy nada contenta contigo.

—Profe, ¿hay premio? —pregunta Cheng, un poco nervioso. —¿Un juego de ordenador? ¿Una calculadora? ¿Unas chucherías? ¿Una semana sin deberes?

—¡Ah!, sí. Gracias, Cheng, lo olvidaba. Aquí tenéis para comer en el recreo: manzanas y peras.

---

1 doler la cabeza – Kopfschmerzen haben; **6 chorizo** – die Paprikawurst; **11 despistado, -a** – schusselig; **22 dejar de hacer algo** – aufhören, etw. zu tun; **29 las chucherías** – die Süßigkeiten; **32 la pera** – die Birne

2 Los peligros del plástico

Mi profesor favorito es Moncho, el profesor de Ciencias. Es biólogo y está en una asociación ecologista. Esta semana ha invitado a la madre de Kaspar para que venga a hablar a nuestro instituto. Ella también es bióloga marina y está trabajando en la universidad para estudiar los peligros del plástico para el mar.
Nos ha traído fotos de peces y pájaros muertos que están llenos de plástico, y de una isla enorme, toda de basura. Vimos un vídeo de una tortuga con una pajita de plástico en la nariz.
—¡Qué horror! —dice Alicia.
Seguro que solo quiere hacer la pelota al profesor. Yo no puedo ni hablar.
—Bueno, chicos —dice Moncho—, ya sabéis que estoy en una asociación ecologista. El fin de semana vamos a recoger plásticos en las playas con ayuda de voluntarios. ¿Alguien quiere venir?
Yo levanto la mano el primero.
—Yo voy.
—¿En serio? —pregunta Cheng—. ¿Recoger plástico en la playa?
—A mí me parece buena idea, profesor Ulloa —dice Kaspar—. El medio ambiente es importante. En mi país la gente se preocupa por estas cosas.
—Yo siempre llevo mi bolsa cuando voy al supermercado para que no me den una de plástico —dice Alicia.
—¡Pero qué mal me cae esta chica! —le digo yo a Cheng, en voz baja—. ¡Pelota!
Al final, de mi clase van también Cheng y Arsenio Lura, aunque no sé si Arsenio sabe qué vamos a hacer.

---

7 el pez (*pl.*: los peces) – der Fisch; **7 muerto, -a** – tot; **8 la basura** – der Müll; **9 la tortuga** – die Schildkröte; **9 la pajita** – der Strohhalm; **11 hacer la pelota** – bei jdn schleimen; **15 el voluntario, la voluntaria** – der / die Freiwillige; **20 el medio ambiente** – die Umwelt; **24 en voz baja** – leise; **25 ser un / una pelota** – ein Kriecher / eine Kriecherin sein

El sábado nos llevan a todos los voluntarios en un pequeño autobús y nos dejan en grupos en diferentes lugares cerca de la ciudad. Nosotros limpiamos una playa con muchas rocas. Estamos con Moncho y la profesora de Literatura, Celia. Llevamos guantes para recoger los plásticos y pronto tenemos dos bolsas grandes llenas.

—Oye, Mario —pregunta Kaspar con una botella de plástico en la mano—, ¿qué es ese edificio tan bonito que hay encima de las rocas?

Es un edificio antiguo, con un parque grandísimo. Tiene un muro alto por tres lados. Por el cuarto lado está el mar.

—Es el colegio Pastizal. Dicen que es carísimo.

—Pues deben de tener buenas vistas desde ahí arriba.

—¡Magníficas! Y, además, tienen una pista de tenis, caballos y una piscina con agua de mar. Pero nuestro instituto también está cerca del mar y tenemos buenas vistas, ¿no?

—Ya, muy buenas, sí —dice Kaspar, que en ese momento no me mira a mí. Mira a Alicia, que está un poco lejos entre las rocas y nos grita:

—¡Chicos, venid! ¡Aquí hay una cueva!

---

3 limpiar – säubern; **3 la roca** – der Felsen; **11 el muro** – die Mauer;
13 la vista – die Aussicht; **13 desde ahí arriba** – von da oben;
20 la cueva – die Höhle

3 Al otro lado de la cueva

Nos acercamos y vemos cómo Alicia entra por un agujero en la roca. El agujero es pequeño y Alicia, que es pequeña y delgada, entra con facilidad, pero para Kaspar y para mí es más difícil.

—¡Vaya! La cueva es muy larga. Está muy oscuro, voy a usar la linterna del móvil.

—¡Qué larga! ¿No será peligroso seguir? —pregunto.

—Cuando suba la marea, sí. Pero ahora la marea está baja. ¡Buf! ¡Cuánto plástico hay por aquí! —dice Alicia y recoge unas bolsas del suelo.

Seguimos caminando por la cueva. Finalmente, vemos un poco de luz por un agujero tapado con una roca.

—Esta roca se puede mover —dice Alicia. Ayudadme.

Entre los tres movemos la roca y volvemos a salir. Estamos en un lugar extraño. Allí hay una enorme piscina natural que se llena con el agua del mar. También un gran parque con árboles y, al fondo, unos edificios.

—¡Uy! Creo que hemos entrado en el colegio Pastizal. Mejor nos vamos. Alguien puede vernos y nos meteremos en un lío.

—Pues yo creo que, como estamos aquí, podemos ver un poco cómo es este famoso colegio. A lo mejor se parece a nuestro instituto —dice Alicia.

—Alicia, estar aquí es ilegal y, además, yo tengo hambre. Así que, mejor nos vamos.

—Venga, hombre —dice Kaspar—, solo un momento.

¡Vaya! Normalmente, Kaspar es más sensato. Pero son dos, y yo solo uno, así que vamos juntos. Admiramos la piscina de agua de mar y las vistas desde el parque, y después nos acercamos al pequeño bosque.

---

2 acercarse – sich nähern; **2 el agujero** – die Öffnung; **5 ¡Vaya!** – Ausdruck des Erstaunens; **6 la linterna** – die Taschenlampe; **8 Sube la marea.** – Die Flut steigt.; **8 La marea está baja.** – Es ist Ebbe.; **12 la luz** – das Licht; **15 extraño, -a** – seltsam; **19 meterse en un lío** – Ärger bekommen; **25 Venga** – Ach komm!; **26 sensato, -a** – vernünftig; **27 admirar** – bestaunen

—¡Atención! —dice Kaspar—. Oigo un coche.

Rápidamente nos escondemos detrás de los árboles. Por el camino baja un camión pequeño que se para junto a la piscina. Unos hombres salen del camión y empiezan a bajar con cuidado una gran caja de metal.

—¿Qué será eso? —pregunta Alicia.

—Ni idea —contesta Kaspar—, pero... ¿no os parece que hay un ruido extraño?

Escuchamos con atención.

—Sí, ¡y viene de la caja! —exclama Alicia.

—Esto no me gusta nada. ¡Quiero irme de aquí!

—Yo también, Mario —dice Kaspar—. Pero tenemos un problema, creo que esos hombres van a necesitar tiempo para terminar lo que están haciendo y ahora no podemos volver por donde hemos entrado.

—Tienes razón. Los hombres están ahora delante de la entrada a la cueva.

—¿Y nos vamos sin saber qué hay en la caja? —pregunta Alicia.

—Ahora tenemos un problema más importante —dice Kaspar.

—Es tarde y los profesores van a empezar a buscarnos si no aparecemos. Tenemos que irnos. Tiene que haber una salida en algún lugar.

---

2 esconderse – sich verstecken; **3 junto a** – neben; **9 con atención** – aufmerksam; **16 la entrada** – der Eingang; **21 la salida** – der Ausgang

4 Una chica valiente

Cruzamos el parque y, luego, una pista de tenis. Pasamos al lado del edifico del colegio rápidamente y en silencio, y cruzamos un jardín. Allí está la puerta de salida. ¡Cerrada!

—Y ahora, ¿qué hacemos? —pregunto en voz baja.

En ese momento oímos una voz detrás de nosotros.

—¿Quiénes sois vosotros y qué hacéis aquí?

Hay un hombre muy enfadado. Es muy alto, muy grande y da miedo. Me coge por la chaqueta y me mira con cara de asesino.

—Perdone, señor —dice Alicia—, somos unos estudiantes y estamos recogiendo plásticos.

Los tres levantamos nuestras bolsas llenas.

—¡Malditos niñatos! ¿Cómo habéis entrado? —dice el hombre.

—No queríamos entrar. Suelte a mi compañero ya o... —responde Alicia, muy valiente.

—¿O qué, niñata?

—¡Oiga! Suelte a ese chico —dice una voz familiar al otro lado de la puerta—. Son alumnos míos y dicen la verdad.

¡Es Moncho!

—No pueden estar aquí, esto es privado y han entrado ilegalmente. Voy a llamar a la policía.

—Yo hablaré con ellos y los castigaré si es necesario. Y ahora déjelos salir o seré yo quien llame a la policía.

—Está bien, pero no quiero volver a verlos por aquí.

En el autobús de vuelta, Moncho está muy enfadado.

—Os espera un buen castigo. Entrar así en ese colegio. ¡Vaya idea! Y estábamos preocupados. ¡Vaya día! Cheng se ha caído al mar, Arsenio ha estado cogiendo conchas toda la mañana y a vosotros casi os tiene que venir a buscar la policía.

---

3 en silencio – lautlos; **13 maldito, -a** – verflucht; **13 el niñato, la niñata** – die Rotznase; **14 soltar** – loslassen; **22 castigar** – bestrafen; **26 el castigo** – die Strafe; **26 ¡Vaya idea!** – Was für eine Idee!; **28 la concha** – die Muschelschale

—Eso sí —dice Celia para cambiar de tema—, hemos recogido mucho plástico. Tenéis que tener hambre. Aquí tengo unos bocadillos.

Celia, la profesora de Literatura, es ahora mi nueva profesora favorita.

Soy el primero en coger un bocadillo.

—Comes muchísimo —me dice Alicia.

—¿Quieres? Es de chorizo.

—No gracias, soy vegetariana.

—Yo también soy vegetariano —dice Kaspar.

—Tenemos muchas cosas en común: somos ecologistas, vegetarianos y a los dos nos gustan las matemáticas —contesta Alicia.

—Pues a mí me encanta el chorizo y odio las matemáticas. No tenemos nada en común.

—Tu problema es que no estás concentrado en clase —dice Kaspar mientras se ríe—. Siempre estás mirando por la ventana.

—Pues tú también puedes mirar por la ventana, Kaspar. Es bonito y el otro día vi delfines. Mi abuela dice que cuando ves un delfín, es que un amor difícil va a salir bien.

¡Vaya! Es la segunda vez que hoy alguien me mira con cara de asesino, aunque no entiendo por qué.

—Mario —dice Celia—, he oído eso que has dicho. Me gustan mucho las historias como esa, las leyendas tradicionales. ¿Crees que puedo hablar con tu abuela algún día para que me cuente alguna?

—¡Claro! Seguro que te cuenta la leyenda de mi apellido, la leyenda de los Mariño.

Todos me miran con atención.

---

11 en común – gemeinsam

5 La leyenda de los Mariño

Todos me están mirando interesados.
—Venga, cuéntala ya, Mario —dice Cheng, antes de estornudar.
—Hace mucho tiempo, un hombre de apellido Mariño, que era marinero, se cayó al mar desde su barco durante una tormenta. Estaba a punto de morir cuando, de repente, apareció una mujer con cola de pez.
—¡Una sirena! —dice Alicia sorprendida.
—Una sirena, sí. La sirena lo ayudó y lo llevó con ella a una cueva. Allí vivieron muchos años y tuvieron cuatro hijos.
—¿Los hijos también con cola de pez?
—No, tienen cuatro niños normales, sin cola de pez. Y son felices. Pero el padre quiere que los niños tengan su religión. Por eso, un día, le pide a la sirena que deje que sus hijos se vayan a vivir con unas tías a Vigo, que en aquella época era un pueblo pequeño de pescadores.
La sirena los deja marchar, pero con una condición: en el futuro se llevará a otros hombres de la familia para que vivan con ella.
—¡Qué historia! —dice Alicia.
—Espera, que no he terminado. Todos los Mariño que va a llevarse la sirena nacen con los ojos azules. Y sí, la gente dice que los hombres de mi familia que tienen los ojos azules desaparecen en el mar.
Hay un largo silencio mientras todos me miran. Después de unos segundos, Cheng estornuda. Y Celia, la profesora de Literatura, me dice:
—Puedes estar tranquilo, las leyendas no funcionan cuando la gente no cree en ellas.
Silencio otra vez.
Creo que no lo he dicho antes: Yo tengo los ojos azules.

---

3 estornudar - niesen; **5 el marinero** - der Seemann, der Fischer;
5 la tormenta - der Sturm; **6 la cola de pez** - der Fischschwanz;
8 la sirena - die Meerjungfrau; **17 la condición** - die Bedingung

6 Los mensajes con Cheng

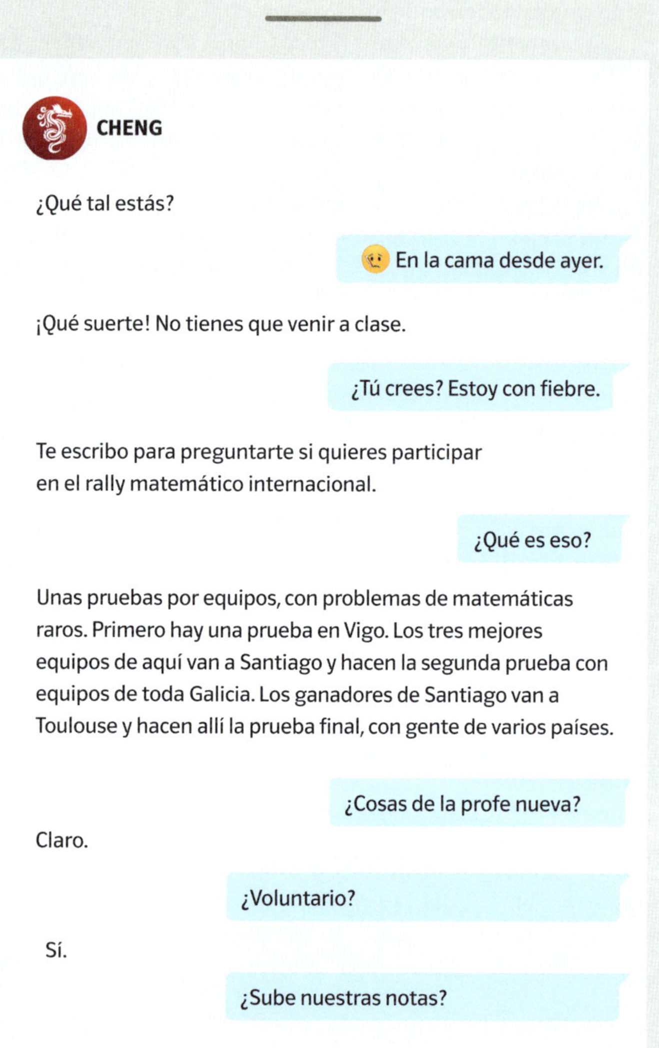

CHENG

¿Qué tal estás?

En la cama desde ayer.

¡Qué suerte! No tienes que venir a clase.

¿Tú crees? Estoy con fiebre.

Te escribo para preguntarte si quieres participar en el rally matemático internacional.

¿Qué es eso?

Unas pruebas por equipos, con problemas de matemáticas raros. Primero hay una prueba en Vigo. Los tres mejores equipos de aquí van a Santiago y hacen la segunda prueba con equipos de toda Galicia. Los ganadores de Santiago van a Toulouse y hacen allí la prueba final, con gente de varios países.

¿Cosas de la profe nueva?

Claro.

¿Voluntario?

Sí.

¿Sube nuestras notas?

---

13 el ganador, la ganadora – der Gewinner, die Gewinnerin;
19 ¿Sube nuestras notas? – Bekommen wir dafür eine bessere Note?

No.

¿Quién va en el equipo?

De momento, Alicia, Kaspar y yo. Necesitamos otras dos personas.

¡¡¿Tú?!! Si tú odias las matemáticas y no has aprobado ni un examen en todo el curso.

Las pruebas se hacen por Internet. Yo seré la persona que escribe las explicaciones y las manda. Seremos un buen equipo.

La profe de mates nos va a dar unas clases por la tarde para prepararnos.

¿Vas a ir a unas clases VOLUNTARIAS de mates POR LAS TARDES que no cuentan para la nota?

Sí.

Creo que tengo más fiebre de la que pensaba.

¿Qué? ¿Eres el cuarto del equipo?

Claro.

¡Genial! Ya solo necesitamos una persona más.

Díselo a Arsenio.

¡¿A Arsenio Lura?! ¡Si es el más despistado de la clase!

¿¿¿Seguro????

---

4 aprobar – bestehen; **12 contar para la nota** – für die Note zählen

7 El rally matemático

Trabajamos mucho e hicimos muy bien las primeras pruebas del rally. Las hicimos tan bien que ganamos en Vigo y fuimos a Santiago para participar en las segundas.
Hicimos el viaje desde Vigo a Santiago en tren y las profesoras Rocío y Celia vinieron con nosotros.
—¿Conoces Santiago, Kaspar? —preguntó Celia. —Tiene una catedral muy famosa.
—Nunca he estado, pero he oído hablar de la catedral y sé que hay un camino especial y que mucha gente lo hace a pie o en bicicleta. Me gustaría hacer el Camino de Santiago algún día.
—¿De verdad? —dice Alicia. —A mí también me gustaría mucho. ¿Por qué sonríes y me miras así, Mario? Mejor sigue mirando por la ventana.
En Santiago hay también una universidad famosa. Rocío y Celia nos cuentan que ellas estudiaron sus carreras allí. ¡Qué buena vida ser estudiante universitario! Pero todavía faltan tres años para eso.
Cuando llegamos a Santiago, Rocío y Celia nos llevaron al instituto donde se hacían las pruebas. Allí tuvimos un pequeño problema porque Arsenio desapareció de repente. Mientras Kaspar lo buscaba, nosotros conocimos a los chicos de otros equipos que venían de toda Galicia. Había dos equipos más de Vigo. Los primeros eran simpáticos y buenos compañeros. Hablamos un poco con ellos mientras esperábamos y nos desearon mucha suerte.
Los chicos del segundo equipo estaban cerca de nosotros. Eran dos chicos y tres chicas, pero no parecían tan simpáticos.
—Cheng, mira qué chicas más guapas hay en el otro equipo de Vigo —le digo.
—Muy guapas, pero nos miran por encima del hombro.
—Pues yo voy a hablar con ellas.

---

17 Faltan tres años. – Es dauert noch drei Jahre.;
31 mirar por encima del hombro – jdm über die Schültern gucken

—¡Hola! Vosotros también sois de Vigo, ¿no? —pregunté a una chica alta que, sí, me miró por encima del hombro. Y de arriba abajo.
—¿Y tú quién eres?
—Me llamo Mario. Y estos son Cheng y Alicia. Somos del equipo del instituto de Teis.
—¡Ah! ¿Tenéis instituto en ese barrio? —preguntó un chico que estaba con ellas. Y sus amigas se rieron—. Pues nosotros somos el equipo del colegio Pastizal y, por supuesto, vamos a ganar el rally este año.
—¿Y por qué estás tan seguro de que vais a ganar? —preguntó Alicia, algo enfadada.
—Porque somos los mejores. Y porque mi padre ha pagado a un profesor buenísimo durante meses para preparar las pruebas con nosotros.
—Pues a nosotros nos ha preparado nuestra profesora, que también es buenísima.
—Pero solo durante tres semanas, Alicia —le recordé yo.
—El colegio Pastizal ha ganado el rally todos los años. Los chicos del Pastizal ganamos siempre, pequeña.
—¡Oye! —le dijo ella—. No me hables así.
El chico se rio. Alicia estaba enfadada, muy enfadada. Por suerte, en ese momento llegaron Kaspar y Arsenio.
—Perdón —dijo Arsenio—, es que sin querer entré en el cuarto de baño de las chicas y llamaron a los guardias de seguridad. ¡Qué lío he montado!
Los chicos del Pastizal explotaron con la risa.
—Ya se ve que sois muy inteligentes en vuestro equipo —dijo el chico alto. Luego miró a sus amigos. —Vamos, ya están llamando para empezar las pruebas. Adiós, perdedores.
—¡Ya veremos quién gana! —gritó Alicia con la cara roja.

---

2 de arriba abajo – von oben bis unten; **9 ganar** – gewinnen;
24 sin querer – aus Versehen; **24 el cuarto de baño** – die Toilette;
26 ¡Qué lío he montado! – Was für ein Durcheinander habe ich da angerichtet!;
30 el perdedor, la perdedora – der Verlierer, die Verliererin

8 Los problemas matemáticos

En el rally cada equipo tiene su ordenador, baja las pruebas de una página web y después sube las soluciones y explica todo. Mi trabajo era escribir las explicaciones con claridad y Arsenio, que es rápido con el teclado, las subía a la página. Alicia, Kaspar y Cheng estaban ocupados con los números.

No fue nuestro mejor día. Arsenio estaba muy nervioso y se movía en su silla sin parar, y Alicia que estaba todavía enfadada, no se podía concentrar.

Los dos primeros ejercicios fueron fáciles y los terminamos rápidamente, pero el tercero nos dio problemas.

Bueno, vamos a dejar de pensar en esos niñatos del Pastizal y a concentrarnos —dijo Alicia—. Vuelvo a leerlo: "La palabra Ana y el número 373 son palíndromos, se leen igual de derecha a izquierda y de izquierda a derecha. ¿Cuántos números palíndromos de tres dígitos hay? ¿Cuántas palabras palíndromas de tres letras se pueden hacer con las 27 del alfabeto español?".

Después de mucho pensar, subimos la solución a la página web, pero casi no tuvimos tiempo para terminar el cuarto ejercicio. Lo hicimos con mucha prisa y no estábamos seguros de si estaba bien. El tiempo se acabó y tuvimos que apagar los ordenadores. Nos sentíamos un poco decepcionados.

—¡Qué pena! —dijo Alicia—. Con un poquito más de tiempo, estaría perfecto.

—Pues no sabéis qué ganas tenía yo de terminar —contestó Arsenio—. Antes, con aquel lío, no pude ir al cuarto de baño.

Y salió corriendo, directamente hacia el cuarto de baño de las chicas. ¡Pobre Arsenio! Eso sí es un problema.

---

2 bajar – herunterladen; **3 subir** – hochladen; **5 el teclado** – die Tastatur; **6 estar ocupado con algo** – sich mit etw. befassen; **16 el dígito** = el número; **20 con prisa** – in Eile

9 Una tarde en Santiago

Después de las pruebas, fuimos a comer con Rocío y Celia, las profesoras que estaban con nosotros. Nos llevaron al comedor universitario. Yo cogí pasta y pollo con brócoli. Mientras miraba mi pollo y pensaba que, a lo mejor, la vida de estudiante universitario no era tan buena como yo creía, los demás hablaban de las pruebas.

—Creo que el último ejercicio no lo hemos hecho bien. Estoy un poco triste —dijo Alicia.

—Bueno —dijo Rocío—, no sé si ganaremos, pero ya sabéis, lo importante es participar, ¿no?

—Sí —contestó Kaspar—. A mí me ha gustado hacer todos esos ejercicios y venir aquí.

—A mí también, pero también me gustaría ganar e ir a Toulouse a jugar la final —dijo Alicia.

—Bueno, todavía no sabemos qué equipo ganará. Pero quería deciros una cosa: en la vida es importante saber ganar y saber perder —explicó Celia. Así que, si ganan otros, tenéis que estar contentos y aplaudir. Y si ganáis vosotros, tenéis que ser educados y respetar a los demás equipos. Nada de saltar, ni gritar, ni cosas así.

Cuando terminamos de comer, Rocío volvió al instituto porque los profesores de Matemáticas tenían que ver las pruebas y elegir a los ganadores del rally. Mientras tanto, nosotros dimos un paseo con Celia y visitamos la catedral. Había muchas esculturas: de personas, de animales, de monstruos...

—¡Anda! —dijo Cheng, muy sorprendido—. Ahí veo una sirena. Quizás porque estoy con un Mariño de ojos azules.

—Sí, yo también la veo —dijo Celia—. Hay muchas en las iglesias medievales.

---

4 el pollo - das Hähnchen; **20 Nada de saltar.** - Kein Springen!; **27 ¡Anda!** - Sieh mal an!; **30 medieval** - mittelalterlich

—¿A ti no te da un poquito de miedo esa historia, Mario? —me preguntó Alicia.

—¿A mí? No. Pero mi abuela siempre tiene miedo cuando voy a la playa, especialmente si voy a la playa de la Sirenita. Y dice que el mar me gusta demasiado. Yo quiero ser biólogo marino, así que tendré que acercarme al agua alguna vez, creo yo.

—Pues yo entiendo a tu abuela. Y siempre he pensado que tus ojos tienen un color un poco raro —dijo Alicia.

—¿Raro? Son azules, como los de Kaspar.

—No. Los tuyos son diferentes y tienen un color que cambia como el mar. A veces son oscuros, a veces claros, a veces un poco verdes, a veces un poco grises...

—¿Qué piensa usted sobre la historia de Mario, señora Conde? —preguntó Kaspar.

—Bueno, el trabajo de marinero es un trabajo peligroso. Quizás desapareció alguien de tu familia y la gente imaginó esa historia como explicación. Yo creo que el significado de la leyenda es este: los marineros cogen las riquezas del mar, pero tienen que pagar un precio muy alto por ellas.

—Sin embargo, como Mario va a ser biólogo marino y no marinero, no va a coger nada —dijo Cheng.

—Eso es. Si en vez de coger cosas, le das al mar algo suyo, seguro que la sirena no te llamará nunca —dijo Celia.

Creo que Celia quería tranquilizarme, pero no era necesario porque a mí esa historia siempre me ha parecido una bonita tontería. Eso sí, una tontería bonita.

—¿Qué, chicos? —preguntó Celia—, ¿vamos a ver quién ha ganado el rally?

—Solo espero que los ganadores no sean esos chulos del Pastizal —contestó Alicia.

---

1 dar miedo a alguien – jdm Angst machen; **19 el precio** – der Preis; **24 tranquilizar** – beruhigen; **26 la tontería** – der Unsinn; **29 el chulo, la chula** – der Angeber, die Angeberin

10 Los ganadores del rally

Sí, ganaron ellos. Cuando entramos, ya tenían la sonrisa de los ganadores, aunque todavía no podían saber qué equipo era el mejor.

Todos nos sentamos en un salón de actos muy grande y un hombre bajito y delgado, de pelo blanco y con gafas, subió al escenario y empezó a decir cuáles eran los tres primeros equipos para cada curso: 1.º de ESO, 2.º de ESO...

—¡Qué nervios! —dijo Cheng—. Ahora va a decir los premios de 3.º de ESO, nuestro curso.

—Premios para 3.º de ESO —dijo el señor de pelo blanco—. El tercer premio es para el equipo del instituto Taboada Chivite, de Verín.

Verín es un pueblo que está cerca de Portugal y no tiene mar. El equipo eran cuatro chicas y un chico, todos simpáticos. Todo el mundo aplaudió cuando subieron al escenario. Bueno, todo el mundo menos los alumnos del colegio Pastizal.

—Segundo premio para 3.º de ESO. Instituto de Teis, Vigo.

—¡Bien! —dijo Kaspar—. ¡Somos nosotros!

Somos los segundos, eso está bien. Pero ya no iremos a Toulouse, ¡qué pena! Subimos al escenario y todos, menos el equipo del colegio Pastizal, nos aplaudieron. El señor del pelo blanco nos dio nuestros premios.

—Un diploma de papel y una calculadora —dijo Cheng—. Parece que los de Matemáticas no tienen mucho dinero, ¿no?

—Lo importante es participar, Cheng —le contesté yo irónico—. ¿O prefieres manzanas y peras?

—Y ahora —dijo el hombre de pelo blanco—, el primer premio de 3.º de ESO, el equipo que viajará a la final de Toulouse es... ¡El Pastizal, de Vigo!

---

5 el salón de actos – die Aula; **16 el escenario** – die Bühne

Los chicos del Pastizal empezaron a saltar y a gritar y a reírse de los otros equipos, y a cantar una canción de su colegio:

Pas—ti-zal,
Pas-ti-zal,
Ra, ra, ra.

Después de los premios, el chico alto se acercó a nosotros con el diploma de los ganadores en la mano y lo movió delante de la cara de Alicia, que estaba muy seria.

—¿Ves, pequeña? Te dije que íbamos a ganar nosotros. Somos los mejores y venimos del mejor colegio. El colegio Pastizal siempre gana.

—¿Pequeña? ¿Pequeña? ... ¿El mejor colegio? —contestó Alicia con la cara roja y muy enfadada—. Nosotros tenemos buenos alumnos y buenos profesores, eso hace un buen colegio. Yo he estado en el vuestro y solo tenéis una piscina.

—¿Tú? ¿En el Pastizal? Tú nunca has estado allí. Ni en sueños.

—He estado. Y puedo volver si quiero. Tu colegio no es un lugar tan especial.

—Imposible. No dejamos entrar a gente como tú.

—Ah, ¿no? Pues pienso volver para escribir mi opinión sobre vosotros en vuestro muro, con letras grandes.

El chico alto miró a Alicia, después nos miró a nosotros y luego, se empezó a reír.

—Si haces eso, yo me como este diploma —dijo. Y se fue.

Nosotros nos quedamos en silencio sin decir nada.

—Bueno —dijo Alicia—, Kaspar, Mario. ¿Estáis conmigo?

11 Una noche de luna

Las personas hacen cosas extrañas por amor, por eso Kaspar estuvo de acuerdo con Alicia. Los dos quisieron entrar en el Pastizal por la noche. Pero, ¿yo? Yo no quería y aquí estoy, a las doce de la noche, junto a la entrada de la cueva, a la luz de la luna, después de mentir en mi casa para poder salir.

—Esto puede ser peligroso y vamos a meternos en un lío. Sois dos idiotas y yo soy todavía más idiota.

—Cállate ya, pesado.

—¿Qué llevas ahí, Alicia? —le pregunté.

—Un spray de pintura. ¿Y tú? ¿Qué llevas ahí?

—El móvil y un bocadillo de chorizo. Estoy nervioso, y cuando estoy nervioso siempre tengo hambre.

Entramos en la cueva y encendimos las linternas de nuestros móviles. Al principio oíamos el mar fuera. Luego, nada. Después de unos minutos, llegamos al final de la cueva. Yo cogí mi bocadillo de chorizo.

—Bueno, ahora salimos, escribo rápidamente y nos vamos. ¡Qué nervios! Tenemos que estar en silencio. Es un momento. ¡Mario! ¡¿Ya vas a empezar a comer?!

—Alicia, por favor —dice Kaspar—, escribe en el muro que hay al lado de la piscina. Si nos acercamos mucho al edificio, puede ser peligroso.

—Vale, de acuerdo.

Cuando salimos de la cueva vemos la luna en el cielo. Alicia saca el espray.

—Aquí está bien —susurra. Y empieza a escribir.

Los alumnos del pastizal...

—¡Ay! Con mayúscula: *del Pastizal son...*

Pero Alicia no puede terminar, porque en ese momento oímos un ruido fuerte y extraño en la piscina. Los tres miramos al agua, y vemos una cosa grande que se mueve.

—¡Aaahhhh! —grito—. ¿Qué es eso? ¡Es la sirena!

---

9 el pesado, la pesada – die Nervensäge; **27 susurrar** – flüstern

11

12 La sirena

Nos acercamos rápidamente, encendemos las luces de los móviles y las movemos hacia el agua de la piscina.

—Mirad, ahí está la cola de la sirena —digo asustado.

—¡Cállate, tonto! ¿Qué es, Kaspar? —pregunta Alicia.

—Creo que es un delfín. Y hay varios. Esto es muy extraño.

—Sí, muy extraño —contesto yo—. Y no me gusta nada. Voy a hacer un vídeo con el móvil.

Empiezo a hacer el vídeo desde las rocas y luego bajo a la piscina. Uno de los delfines se acerca a mí y me mira. Parece muy triste. Mientras, Alicia vuelve al muro y termina de escribir.

... unos chulos.

—¿Qué haces con el móvil, Mario? ¿Todavía no has teminado? —me pregunta.

—Un momento. Ya. Le he enviado el vídeo a Moncho y le he explicado que estamos en el colegio Pastizal y que...

—¿De verdad? —me interrumpe Kaspar—. ¿Le has contado a un profesor que hemos entrado en el colegio Pastizal ilegalmente a la una de la mañana? ¿De verdad, Mario?

—Y después dices que el despistado es Arsenio Luras —dice Alicia—. Ahora sí que estamos en un lío.

Ellos me miran y creo que están pensando en asesinarme. Pero en ese momento escuchamos voces y ladridos. Dos hombres con linternas vienen hacia nosotros, corren y gritan y llevan unos perros.

Nosotros corremos hacia la entrada de la cueva, pero los perros son muy rápidos. Yo les lanzo mi bodadillo de chorizo y los perros se paran y pelean entre ellos para cogerlo. Conseguimos entrar en la cueva, por suerte la entrada es muy pequeña y los hombres son demasiado grandes para seguirnos.

---

3 mover hacia – hier: auf etw. richten; **17 interrumpir** – unterbrechen; **23 el ladrido** – das Bellen; **27 lanzar** – werfen; **28 pelear** – kämpfen

—¡Vamos, rápido! —dice Alicia.

—¡Ay, mi tobillo! Me duele mucho —se queja Kaspar—. Casi no puedo andar.

—¡Estás herido! Pon tu brazo en mi hombro, yo te ayudo. Dios mío, hay agua en la cueva, la marea está subiendo —dice Alicia—. ¡Rápido! Tenemos que llegar a la salida. Mario, enciende la linterna.

Intento encenderla, pero no puedo. Miro mi mano y solo tengo un bocadillo de chorizo. ¿Un bocadillo de chorizo? ¿Qué le he lanzado entonces a los perros?

—¿Dónde tienes la cabeza, Mario? —dice Alicia.

Ella va ahora delante con su linterna y detrás voy yo con Kaspar. Pero al llegar a la entrada de la cueva nos espera una sorpresa.

—¡Niñatos idiotas! —dice el hombre que lleva los perros, que están furiosos. Creo que no les ha gustado el sabor de mi móvil.

—Vais a morir. Si salís, os matarán los perros y si no salís, os matará la marea.

—¿Morir? Creo que es un castigo demasiado grande por entrar en un lugar ilegalmente —le digo a mis amigos.

—No sé, Mario —dice Kaspar—, creo que hacen algo ilegal con esos delfines y nosotros lo hemos visto.

—¡Dios mío! —dice Alicia—. Lo siento mucho, chicos. Yo os he metido en este lío.

—Podemos llamar a la policía.

—En la cueva no funcionan los móviles. Pero podemos volver a la otra entrada y llamar desde allí.

—No. Está el otro hombre y creo que tiene una pistola.

Nos quedamos en silencio. La marea sube rápidamente y ya tenemos el agua casi en las rodillas.

---

2 el tobillo – der Fußknöchel; **4 herido, -a** – verletzt; **16 matar** – töten;
22 meter a alguien en un lío – jdn in Schwierigkeiten bringen;
29 la rodilla – das Knie

—¡Qué frío hace! ¿Te duele el tobillo, Kaspar?

—Mucho, pero no importa. Parece que finalmente vas a desaparecer en el mar, como todos los Mariño de ojos azules... y nosotros contigo.

—Ahora sí que necesitamos la ayuda de tu sirena —dice Alicia desesperada.

—A lo mejor la marea no sube tanto —digo yo intentando tranquilizar a mis amigos.

—Claro que sí —contesta Alicia—. La cueva desaparece debajo del agua cuando la marea está alta.

El tiempo pasa y la marea sigue subiendo. Ahora ya no se oye a los perros y el agua nos llega a los muslos.

—¡Cuánto lo siento! ¡He sido una idiota! —dice Alicia.

Y lo ha dicho muchas, muchas veces. Pobre Alicia.

La marea sube. Ahora tenemos el agua por la cintura y ya no oímos nada fuera, solo el ruido del mar. Ya casi no vemos la entrada, porque está debajo del agua.

—Tenemos que volver. Por aquí ya no podemos salir —dice Alicia.

—Pero allí están los otros hombres —le respondo.

De repente, vemos la luz de una linterna:

—Chicos, ¿estáis ahí? ¡Mario, Alicia, Kaspar! ¡Contestad!

—¡Moncho! —decimos Alicia y yo.

—¡Señor Ulloa! —dice Kaspar.

---

6 desesperado, -a – verzweifelt; **12 el muslo** – der Oberschenkel; **15 la cintura** – die Taille; **20 responder** – erwidern

13 El final de la aventura

Hace más de dos semanas que pasó todo esto, pero es el primer día que Kaspar puede volver al instituto a causa de su tobillo. Aquella noche, Moncho se dio cuenta de que alguien estaba usando el Pastizal para traficar con animales. Pensó que nosotros estábamos en peligro, por eso llamó a la policía y a sus amigos de la organización ecologista. Así nos encontraron en la cueva, por suerte. En el colegio la policía encontró pájaros, serpientes y otros animales, además de los delfines, que iban a vender ilegalmente en Europa.

Pero nosotros también tenemos problemas con la policía, por haber entrado en el colegio y por escribir en el muro. Moncho ha hablado con el juez, le ha dicho que tenemos menos de dieciocho años y que es la primera vez que tenemos problemas, así que finalmente nuestro castigo va a ser ayudar en la asociación ecologista durante el verano. Y a mí me parece justo. Lo malo es que mis padres están muy enfadados y me han castigado sin móvil. Dicen que no me van a comprar otro en mucho tiempo.

Estoy contento porque por primera vez he sacado buena nota en Matemáticas. Y hace una semana dejé a los delfines en el mar personalmente, así que no todo ha sido malo.

Creo que Kaspar y Alicia son novios. Alicia quiere encontrar al chico alto del Pastizal para comer con él. Ahora ella y yo somos buenos amigos. Es extraño, dice que mis ojos son menos azules que antes y que ya no cambian. Yo creo que tiene razón, aunque todavía el mar me gusta mucho.

---

3 a causa de – wegen; **8 la serpiente** – die Schlange; **13 el juez** – der Richter

Capítulo 1

1 Indica si estas frases son verdaderas o falsas. Corrige las falsas.

	V	F
a) Hace poco tiempo que Kaspar vive en España.		
b) Cheng ha vivido algunos años en China.		
c) Para Cheng son muy importante las notas.		
d) Alicia es buena estudiante.		
e) Kaspar apenas sabe hablar español.		
f) Mario no está concentrado durante la clase.		
g) Mario es el alumno favorito de la profesora de Matemáticas.		
h) Alicia y Mario no son buenos amigos.		
i) Los personajes viven en Madrid.		

2 ¿Hay alguna diferencia en la forma de hablar con los profesores en España y en Alemania?

Capítulo 2

1 Elige la opción correcta.

a) Moncho, el profesor de Ciencias, …
- [ ] 1. va con los chicos a la universidad para escuchar a la madre de Kaspar.
- [ ] 2. lleva animales muertos por el plástico al instituto.
- [ ] 3. quiere informar a sus alumnos sobre la contaminación* de los mares.

b) Los chicos deciden ir a recoger plástico porque…
- [ ] 1. es obligatorio en su instituto.
- [ ] 2. les preocupa el medio ambiente.
- [ ] 3. van a tener mejores notas en Ciencias.

c) A Mario le cae mal Alicia porque…
- [ ] 1. no está interesada en el medio ambiente.
- [ ] 2. cree que les hace la pelota a los profesores.
- [ ] 3. está en una asociación ecologista con Moncho.

d) Los voluntarios recogen plástico…
- [ ] 1. en la playa que está al lado de su instituto.
- [ ] 2. en los parques de la ciudad.
- [ ] 3. en una playa cerca de la ciudad.

e) El colegio Pastizal…
- [ ] 1. tiene una piscina de agua salada.
- [ ] 2. es un colegio público.
- [ ] 3. tiene una puerta para entrar desde la playa.

2 Busca la palabra que no está relacionada con las demás.

la playa	la roca	el muro	el pez
la cueva	el mar	la ola	la arena

***la contaminación** – die Verschmutzung

Capítulo 3

1 Marca los adjetivos que describen a Alicia.

☐ curiosa	☐ atrevida	☐ prudente	☐ estudiosa
☐ aventurera	☐ vaga	☐ cobarde	☐ baja

2 ¿Por qué crees que Kaspar no es tan sensato como otras veces?

____

____

____

3 Marca la opción correcta.

a) La cueva…
- ☐ 1. tiene una entrada que conoce todo el mundo.
- ☐ 2. tiene una entrada desde el colegio, pero no se ve.
- ☐ 3. solo tiene una entrada.

b) Mario no quiere quedarse en el colegio, …
- ☐ 1. pero Alicia y Kaspar quieren verlo.
- ☐ 2. Kaspar, que es muy sensato, tampoco.
- ☐ 3. por eso Alicia y Kaspar se quedan solos.

c) Los chicos no quieren que los vean los hombres del camión porque…
- ☐ 1. han entrado sin permiso en el colegio.
- ☐ 2. deberían estar en sus clases.
- ☐ 3. no están con sus profesores.

d) Los chicos…
- ☐ 1. se quedan a ver qué hay en la caja.
- ☐ 2. entran en el edificio.
- ☐ 3. buscan cómo salir del colegio.

Capítulo 4

1 Indica si las siguientes frases son verdaderas o falsas.

	V	F
a) La puerta principal del colegio está siempre abierta.		
b) El hombre del colegio se enfada al ver a los chicos.		
c) El hombre le quita la chaqueta a Mario.		
d) Alicia defiende a Mario.		
e) Moncho llama a la policía.		
f) Arsenio ha hecho muy bien el trabajo.		
g) Alicia y Kaspar no comen carne.		
h) Mario come mucho.		

2 ¿Por qué es bueno ver delfines según la abuela de Mario?

____

____

____

____

3 ¿Qué dos personas han mirado a Mario con cara de asesino y por qué?

____

____

____

____

____

____

____

Capítulo 5

1 Completa el crucigrama.

1. niesen; 2. Meerjungfrau; 3. Sturm; 4. Bedingung; 5. Seemann; 6. Legende; 7. verschwinden; 8. Schiff; 9. sterben

2 Ordena cronológicamente estas frases.

- ☐ **a)** El hombre quería mandar a sus hijos a casa de unas tías.
- ☐ **b)** La sirena y el marinero tuvieron varios hijos.
- ☐ **c)** Durante una tormenta un hombre de la familia de Mario se cayó al mar desde su barco.
- ☐ **d)** Ella dejó marchar a sus hijos, pero con una condición.
- ☐ **e)** El marinero se ahogaba cuando apareció una mujer con cola de pez.
- ☐ **f)** Por eso, en la familia de Mario, desaparecen en el mar los hombres que tienen los ojos azules.
- ☐ **g)** La sirena ayudó al marinero y lo llevó a su cueva.
- ☐ **h)** En el futuro, se llevará a otros hombres con ella.

Capítulo 6

1 Elige la respuesta adecuada.

a) Cheng está…
- ☐ 1. en el colegio.
- ☐ 2. en su casa.
- ☐ 3. en el médico.

b) Cheng está enfermo porque…
- ☐ 1. tiene un resfriado fuerte.
- ☐ 2. ha comido demasiado.
- ☐ 3. se cayó en la playa y se hirió.

c) Mario propone a Cheng…
- ☐ 1. estudiar para el examen de Matemáticas.
- ☐ 2. participar en un concurso.
- ☐ 3. que le explique los deberes.

d) A Cheng la propuesta de Mario le…
- ☐ 1. sorprende porque a Mario no le gustan las Matemáticas.
- ☐ 2. da miedo porque la profesora no soporta a Mario.
- ☐ 3. preocupa porque Mario saca malas notas.

e) Finalmente, Cheng decide participar porque…
- ☐ 1. sube la nota de Matemáticas.
- ☐ 2. es obligatorio.
- ☐ 3. sus amigos están en el equipo.

f) Cheng cree que…
- ☐ 1. el más despistado de la clase es Arsenio.
- ☐ 2. el más despistado de la clase es Mario.
- ☐ 3. el más despistado de la clase es él.

Capítulo 7

1 Contesta estas preguntas.

a) ¿A qué ciudad viajan los chicos?

____

b) ¿Qué les gustaría hacer a Kaspar y a Alicia en el futuro?

____

c) ¿Por qué las dos profesoras conocen muy bien la ciudad?

____

d) ¿Cuántos equipos de Vigo participan en el rally?

____

2 Marca si estas frases son verdaderas o falsas. Corrige las falsas.

	V	F
a) Los chicos del Pastizal son poco amistosos.		
b) Es la primera vez que el Pastizal participa en el rally.		
c) En el equipo del Pastizal hay tantas chicas como chicos.		
d) Los chicos del Pastizal piensan que el equipo de Teis puede ganar el rally.		
e) Mario piensa que es más probable que ganen los alumnos del Pastizal.		

____

____

____

Capítulo 8

1 Escribe cuatro palíndromos que sean nombres de letras en español.

---

2 Contesta las siguientes preguntas.

a) ¿Por qué Alicia no está concentrada en el concurso?

---

b) ¿Por qué no está concentrado Arsenio?

Capítulo 9

Elige la opción correcta.

a) Los chicos van a comer…
- ☐ 1. a un restaurante.
- ☐ 2. a casa de Celia.
- ☐ 3. a un sitio para estudiantes.

b) Los chicos ven una sirena…
- ☐ 1. de piedra en la catedral.
- ☐ 2. en un cuadro dentro de la catedral.
- ☐ 3. en una estatua que hay en la calle.

c) Celia dice que la sirena no llamará a Mario si…
- ☐ 1. Mario es biólogo marino.
- ☐ 2. Mario nunca se acerca al mar ni a la playa de La Sirenita.
- ☐ 3. Mario devuelve al mar algo que es del mar.

Capítulo 10

Marca si las siguientes frases son verdaderas o falsas.

	V	F
a) Los chicos son alumnos de 3.º de ESO.		
b) En el concurso reciben el primer premio.		
c) Los chicos del tercer premio son de la misma ciudad que Mario.		
d) A Cheng el premio le parece fantástico.		
e) El comportamiento del equipo ganador es elegante.		
f) Alicia cree que los profesores de su instituto son tan buenos como los del Pastizal.		
g) El chico del equipo ganador no cree que Alicia pueda entrar en el colegio Pastizal.		

Capítulo 11

Elige la opción correcta.

a) Alicia decide entrar en el Pastizal porque…
- ☐ 1. le caen mal los alumnos del Pastizal que conoce.
- ☐ 2. quiere estudiar allí.
- ☐ 3. está enfadada por no haber ganado el rally.

b) Kaspar quiere entrar en el Pastizal porque…
- ☐ 1. está enfadado por no haber ganado el rally.
- ☐ 2. le gusta Alicia.
- ☐ 3. le gustan las aventuras peligrosas.

c) Mario dice que no cree en la leyenda de la sirena…
- ☐ 1. pero, la verdad, es que tiene un poco de miedo.
- ☐ 2. por eso no tiene miedo cuando oye el ruido en la piscina.
- ☐ 3. pero sus amigos sí, y no quieren que se acerque a la piscina.

Capítulo 12

Contesta las preguntas.

a) ¿Por qué envía Mario el vídeo?

---

b) ¿Por qué no les gusta a sus amigos que haya enviado el vídeo a Moncho?

---

c) ¿Cómo ha perdido Mario su móvil?

Capítulo 13

Explica por qué son verdaderas estas afirmaciones.

a) La abuela de Mario decía la verdad sobre los delfines.

---

b) El castigo no es para Mario un verdadero castigo.

---

c) El rally matemático ha sido muy bueno para Mario, aunque no ganaron.
